KB271139

"기뻐요"
인생
살아가기

기뻐요
인생살아가기

초판 제1쇄 l 2010. 1. 27.

지은이 l 이강천
펴낸이 l 정성민
펴낸곳 l 푸른초장
표지디자인 l 정영수
표지그림 l 김지연
내지디자인 l 정영수, 정혜미

등록번호 l 제 387-2005-00011호(2005년 5월 17일)
소재지 l 경기도 부천시 소사구 심곡본동 743-14, 101호
　　　　TEL 032) 655-8330 (푸른초장), 010-6233-1545
인쇄처 l 예원문화사

▌책값은 뒤표지에 있습니다.
ISBN 978-89-92817-31-8

"기뻐요" 인생 살아가기

CONTENTS

제1과
확신 있는 신앙생활

어떤 확신을 가지고 살 수 있는지 성경을 묵상해 보십시오.

1) (　　　)의 확신

엡 1:7, 우리가 그리스도 안에서 그의 은혜의 풍성함을 따라 그의 피로 말미암아 구속 곧 (죄 사함)을 받았으니

2) (　　　) 된 확신

요 1:12, 영접하는 자 곧 그 이름을 믿는 자들에게는 하나님의 (자녀)가 되는 권세를 주셨으니

3) (　　　)의 확신

요일 5:11, 또 증거는 이것이니 하나님이 우리에게 (영생)을 주신 것과 이 생명이 그의 아들 안에 있는 그것이니라

요 6:47, 진실로 진실로 너희에게 이르노니 믿는 자는 영생을 가졌나니

기뻐요 인생 살아가기

4) (　　　　)의 확신

요일 5:14, 그를 향하여 우리의 가진 바 담대한 것이 이것이니 그의 뜻대로 무엇을 구하면 (들으심)이라

15, 우리가 무엇이든지 구하는 바를 들으시는 줄을 안즉 우리가 그에게 구한 그것을 얻은 줄을 또한 아느니라

5) (　　　　)의 확신

롬 8:38, 내가 확신하노니 사망이나 생명이나 천사들이나 권세자들이나 현재 일이나 장래 일이나 능력이나

39, 높음이나 깊음이나 다른 아무 피조물이라도 우리를 우리 주 그리스도 예수 안에 있는 하나님의 (사랑)에서 끊을 수 없으리라

6) (　　　　)의 확신

롬 8:28, 우리가 알거니와 하나님을 사랑하는 자 곧 그 뜻대로 부르심을 입은 자들에게는 모든 것이 합력하여 (선)을 이루느니라

7) 하나님께 (　　　　　　　　) 신앙

시 37:5, 너의 길을 여호와께 (맡기라) 저를 의지하면 저가 이루시고

6, 네 의를 빛같이 나타내시며 네 공의를 정오의 빛같이 하시리로다

잠 16:3, 너의 행사를 여호와께 (맡기라) 그리하면 너의 경영하는 것이 이루리라

8) (　　　　　　　　) 살아가기

히 11:6, 믿음이 없이는 기쁘시게 못하나니 하나님께 나아가는 자는 반드시 그가 계신 것과 또한 그가 자기를 찾는 자들에게 상주시는 이심을 (믿어야) 할지니라

적용 질문　무엇을 확신 하십니까?

제2과
"기뻐요" 인생의 비결
주님 안에 거하는 삶

다음 성경에서 "기뻐요" 인생의 비결을 찾아보세요.

요 15:4, 내 안에 거하라 나도 너희 안에 거하리라. 가지가 포도나무에 붙어있지 아니하면 절로 과실을 맺을 수 없음같이 너희도 내안에 있지 아니하면 그러하리라 5 나는 포도나무요 너희는 가지니 저가 내 안에, 내가 저 안에 있으면 이 사람은 과실을 많이 맺나니 나를 떠나서는 너희가 아무것도 할 수 없음이라 6 사람이 내 안에 거하지 아니하면 가지처럼 밖에 버리워 말라지나니 사람들이 이것을 모아다가 불에 던져 사르느니라 7 너희가 내 안에 거하고 내 말이 너희 안에 거하면 무엇이든지 원하는 대로 구하라 그리하면 이루리라 8 너희가 과실을 많이 맺으면 내 아버지께서 영광을 받으실 것이요. 너희가 내 제자가 되리라 9 아버지께서 나를 사랑하신 것같이 나도 너희를 사랑하였으니 나의 사랑 안에 거하라 10 내가 아버지의 계명을 지켜 그의 사랑 안에 거하는 것같이 너희도 내 계명을 지키면 내 사랑 안에 거하리라 11 내가 이것을 너희에게 이름은 내 기쁨이 너희 안에 있어 너희 기쁨을 충만하게 하려 함이니라

기뻐요 인생 살아가기

1) 내 말이 너희 안에 거하면

2) 원하는 대로 구하라

3) 과실을 많이 맺으면

4) 내 계명을 지키면

5) 기쁨이 충만하리라

제3과
말씀으로 살아가는 삶

1) 주님 안에 거하는 삶

요15:7, 너희가 내 안에 거하고 내 말이 너희 안에 거하면 무엇이든 지 원하는 대로 구하라 그리하면 이루리라

2) 영혼의 양식

벧전 2:2, 갓난아이들 같이 순전하고 신령한 젖을 사모하라 이는 이로 말미암아 너희로 구원에 이르도록 자라게 하려 함이라

마 4:4, 예수께서 대답하여 가라사대 기록되었으되 사람이 떡으로만 살것이 아니요 하나님의 입으로 나오는 모든 말씀으로 살 것이라 하였느니라 하시니

기뻐요 인생 살아가기

3) 하나님의 양육서

딤후 3:16, 모든 성경은 하나님의 감동으로 된 것으로 교훈과 책망
과 바르게 함과 의로 교육하기에 유익하니
17, 이는 하나님의 사람으로 온전케 하며 모든 선한 일을 행하기
에 온전케 하려 함이니라

4) 길 안내서

시 119:105, 주의 말씀은 내 발에 등이요 내 길에 빛이니이다
잠 6:23, 대저 명령은 등불이요 법은 빛이요 훈계의 책망은 곧 생명
의 길이라

5) 성경 말씀과 우리 의 생활

말씀이 생활화되기 위하여 어떤 노력을 하면 좋을까요?
계 1:3, 이 예언의 말씀을 읽는 자와 듣는 자들과 그 가운데 기록한
것을 지키는 자들이 복이 있나니 때가 가까움이라
수 1:8,이 율법책을 네 입에서 떠나지 말게 하며 주야로 그것을 묵
상하여 그 가운데 기록한대로 다 지켜 행하라 그리하면 네 길이 평
탄하게 될 것이라 네가 형통 하리라

기뻐요 인생 살아가기

말씀을 읽는 자/성경 읽기

듣는 자/ 설교 듣기

말씀 묵상하기

지키는 자/ 말씀대로 살기

매일 서너 장 씩 성경 읽기를 하면 좋습니다. 맥 체인 성경 읽기표
를 따라 성경 읽기를 하면 더 좋을 수 있지요.
매일 그 중에 깨달아 지는 말씀 한 구절을 계속 묵상하며 생활에 적
용해 봅시다.

적용 질문 성경 말씀을 생활에 적용하기 위해 어떤 결심을 하셨습니까?

제4과
기도하는 삶

요15:7, 너희가 내 안에 거하고 내 말이 너희 안에 거하면 무엇이 든지 원하는 대로 구하라 그리하면 이루리라

누구에게

(　　　　　)께

마 7:9, 너희 중에 누가 아들이 떡을 달라 하면 돌을 주며

10, 생선을 달라 하면 뱀을 줄 사람이 있겠느냐

11, 너희가 악한 자라도 좋은 것으로 자식에게 줄 줄 알거든 하물며 하늘에 계신 너희 아버지께서 구하는 자에게 좋은 것으로 주시지 않겠느냐

무엇을

(　　　　　)을

계 4:8, 네 생물이 각각 여섯 날개가 있고 그 안과 주 위에 눈이 가득하더라 그들이 밤낮 쉬지 않고 이르 기를 거룩하다 거룩하다 거룩하다 주 하나님 곧 전능하신 이여 전 에도 계셨고 이제도 계시고 장차 오실 자라 하고

(   )를

골 2:6, 그러므로 너희가 그리스도 예수를 주로 받았으니 그 안에서 행하되

7, 그 안에 뿌리를 박으며 세움을 입어 교훈을 받은 대로 믿음에 굳게 서서 감사함을 넘치게 하라

(   )을

요일 1:9, 만일 우리가 우리 죄를 자백하면 저는 미쁘시고 의로우사 우리 죄를 사하시며 모든 불의에서 우리를 깨끗케 하실 것이요

(   )를

요 15:7, 너희가 내 안에 거하고 내 말이 너희 안에 거하면 무엇이든지 원하는 대로 구하라 그리하면 이루리라

(   )를

엡 6:18, 모든 기도와 간구로 하되 무시로 성령 안에서 기도하고 이를 위하여 깨어 구하기를 항상 힘쓰며 여러 성도를 위하여 구하고

예수 이름으로

요 14:13, 너희가 내 이름으로 무엇을 구하든지 내가 시행하리니 이는 아버지로 하여금 아들을 인하여 영광을 얻으시게 하려 함이라

14, 내 이름으로 무엇이든지 내게 구하면 내가 시행하리라 아멘

고후 1:20, 하나님의 약속은 얼마든지 그리스도 안에서 예가 되니 그런즉 그로 말미암아 우리가 아멘 하여 하나님께 영광을 돌리게 되느니라

언제 어디서

막 1:35, 새벽 오히려 미명에 예수께서 일어나 나가 한적한 곳으로 가사 거기서 기도하시더니

눅 6:12, 이때에 예수께서 기도하시러 산으로 가사 밤이 맞도록 하나님께 기도하시고

기뻐요 인생 살아가기

제5과
증거하는 삶

별과 같이 빛나는 보람 있는 인생이 무엇일까요?

단 12:3, 지혜 있는 자는 궁창의 빛과 같이 빛날 것이요 많은 사람을 옳은 데로 돌아오게 한 자는 별과 같이 영원토록 비취리라

1) 영원한 갈림길

(   )과 (   )의 갈림길

단 12:2, 땅의 티끌 가운데서 자는 자 중에 많이 깨어 영생을 얻는 자도 있겠고 수욕을 받아서 무궁히 부끄러움을 입을 자도 있을 것이며
3, 지혜 있는 자는 궁창의 빛과 같이 빛날 것이요 많은 사람을 옳은 데로 돌아오게 한 자는 별과 같이 영원토록 비취리라

2) 전도의 필요성

롬 10:13, 누구든지 주의 이름을 부르는 자는 구원을 얻으리라
14, 그런즉 저희가 믿지 아니하는 이를 어찌 부르리요 듣지도 못한 이를 어찌 믿으리요 전파하는 자가 없이 어찌 들으리요

3) 전도의 사명

막 16:15, 또 가라사대 너희는 온 천하에 다니며 만민에게 복음을 전파하라

16, 믿고 세례를 받는 사람은 구원을 얻을 것이요 믿지 않는 사람은 정죄를 받으리라

4) 전도의 능력

행 1:8, 오직 성령이 너희에게 임하시면 너희가 권능을 받고 예루살렘과 온 유대와 사마리아와 땅 끝까지 이르러 내 증인이 되리라 하시니라

5) 전도를 위한 권면

영혼을 마음에 품으십시오.

그를 위하여 기도하십시오.

그를 사랑하고 섬기십시오.

그에게 간증을 나누십시오.

그에게 복음을 제시하십시오.

그를 교회로 인도하십시오.

제6과
예배하는 삶

예배하는 삶이 우리의 기쁨이 되는 이유가 무엇입니까?

예배하는 자를 찾으시는 하나님

요 4:23, 아버지께 참으로 예배하는 자들은 신령과 진정으로 예배할 때가 오나니 곧 이 때라 아버지께서는 이렇게 자기에게 예배하는 자들을 찾으시느니라

24, 하나님은 영이시니 예배하는 자가 신령과 진정으로 예배할지니라

시 100:2, 기쁨으로 여호와를 섬기며 노래하면서 그 앞에 나아갈지어다

예배의 네 가지 요소는 무엇입니까?
1) 찬미

히 13:15, 이러므로 우리가 예수로 말미암아 항상 찬미의 제사를 하나님께 드리자 이는 그 이름을 증거 하는 입술의 열매니

2) 기도

계 5:8, 책을 취하시매 네 생물과 이십사 장로들이 어린 양 앞에 엎
드려 각각 거문고와 향이 가득한 금대접을 가졌으니 이 향은 성도
의 기도들이라

3) 말씀

시 78:1, 내 백성이여, 내 교훈을 들으며 내 입의 말에 귀를 기울일
지어다

4) 헌금

잠 3:9, 네 재물과 네 소산물의 처음 익은 열매로 여호와를 공경하라
마 23:23, 화 있을진저 외식하는 서기관들과 바리새인들이여 너희
가 박하와 회향과 근채의 십일조를 드리되 율법의 더 중한 바 의와
인과 신은 버렸도다 그러나 이것도 행하고 저것도 버리지 말
아야 할지니라

매 주일 예배에 참여하여 하나님께 영광 돌리고 하나님의 은혜를
누리는 삶을 살아갑시다.

적용 질문 예배자로서의 삶을 어떻게 살아가야 할지 결심 하셨습니까?

제7과
친교 가운데 사는 삶

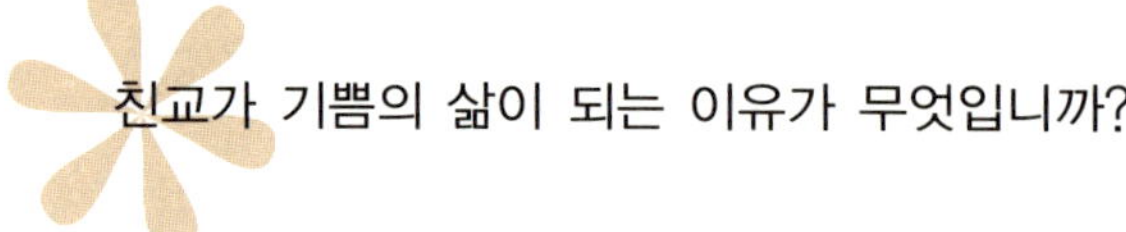

친교가 기쁨의 삶이 되는 이유가 무엇입니까?

1) 친교의 기쁨

요일 1:3 우리가 보고 들은 바를 너희에게도 전함은 너희로 우리와 사귐이 있게 하려 함이니 우리의 사귐은 아버지와 그 아들 예수 그리스도와 함께 함이라

4, 우리가 이것을 씀은 우리의 기쁨이 충만케 하려 함이로라

2) 친교의 두 차원

요 17:21, 아버지께서 내 안에, 내가 아버지 안에 있는 것같이 저희도다 하나가 되어 우리 안에 있게 하사 세상으로 아버지께서 나를 보내신 것을 믿게 하옵소서

22, 내게 주신 영광을 내가 저희에게 주었사오니 이는 우리가 하나가 된 것같이 저희도 하나가 되게 하려 함이니이다

23, 곧 내가 저희 안에, 아버지께서 내 안에 계셔 저희로 온전함을

이루어 하나가 되게 하려 함은 아버지께서 나를 보내신 것과
또 나를 사랑하심같이 저희도 사랑하신 것을 세상으로 알게 하
려 함이로소이다

(　　　　　　　　　)차원과 (　　　　　　　　　)차원

3) 친교의 삶

행 2:42, 저희가 사도의 가르침을 받아 서로 교제하며 떡을 떼며 기
도하기를 전혀 힘쓰니라

43, 사람마다 두려워하는데 사도들로 인하여 기사와 표적이 많이
나타나니

44, 믿는 사람이 다 함께 있어 모든 물건을 서로 통용하고

45, 또 재산과 소유를 팔아 각 사람의 필요를 따라 나눠 주고

46, 날마다 마음을 같이 하여 성전에 모이기를 힘쓰고 집에서 떡을
떼며 기쁨과 순전한 마음으로 음식을 먹고

47, 하나님을 찬미하며 또 온 백성에게 칭송을 받으니 주께서 구원
받는 사람을 날마다 더하게 하시니라

4) 친교를 위한 마음가짐

롬 12:10, 형제를 사랑하여 서로 우애하고 존경하기를 서로 먼저 하며

11, 부지런하여 게으르지 말고 열심을 품고 주를 섬기라

12, 소망 중에 즐거워하며 환난 중에 참으며 기도에 항상 힘쓰며

13, 성도들의 쓸 것을 공급하며 손 대접하기를 힘쓰라

14, 너희를 핍박하는 자를 축복하라 축복하고 저주하지 말라

15, 즐거워하는 자들로 함께 즐거워하고 우는 자들로 함께 울라

16, 서로 마음을 같이 하며 높은 데 마음을 두지 말고 도리어 낮은 데 처하며 스스로 지혜 있는 체 말라

17, 아무에게도 악으로 악을 갚지 말고 모든 사람 앞에서 선한 일을 도모하라

18, 할 수 있거든 너희로서는 모든 사람으로 더불어 평화하라

5) 친교를 위한 안내

형제처럼 서로 사랑하며 격려하는 셀 모임이 있습니다.

셀 모임은 일주일에 한 번 씩 모입니다.

셀의 지체가 되지 않으시겠습니까?